まちごとアジア
ネパール004

パタン
ネワール文化と「美の都」
[モノクロノートブック版]

バグマティ河をはさんでカトマンズの南に位置する古都パタン。ここは中世、カトマンズ、バクタプルと競いあったパタン・マッラ朝の都がおかれていたところで、レンガと木材、石材など自然の素材を組みあわせた壮麗な王宮建築、寺院などが連なるダルバール広場が中心に位置する。

　パタンはサンスクリット語古名でラリトプルと呼ばれ、それは「美の都」を意味する。この美しい街の宗教建築、神像の彫刻、工芸品をになってきたのが、古くからパタンに暮らすネワール人で、彼らはカトマンズ盆地の主要民族となっている(ネワール人の言葉でこの街はイェラと呼ばれ、やはり「美の都」を意味する)。

　パタンのネワール族ではサキヤ・カーストの職人が知られ、サキヤ・カーストはコーサラ国によって滅んだ釈迦族(ブッダの一族)の末裔だと信じられている。パタンでは他の街にくらべて仏教徒の割合が高く、仏像や彫刻を彫ることで、古代仏教の伝統を今に伝えているのだという。

Asia City Guide Production
Nepal 004
Patan
पाटन

｜まちごとアジア｜ネパール 004｜

パタン
ネワール文化と「美の都」

「アジア城市（まち）案内」制作委員会
まちごとパブリッシング

まちごとアジア
ネパール 004
パタン

Contents

パタン ……………………………… 007

息づくネワールの伝統 ……………… 015

ダルバール広場鑑賞案内 …………… 023

旧王宮鑑賞案内 ……………………… 039

中世パタンの栄光 …………………… 047

市街北部城市案内 …………………… 051

市街南部城市案内 …………………… 061

市街西部城市案内 …………………… 069

古代仏教の伝統が残る街 …………… 077

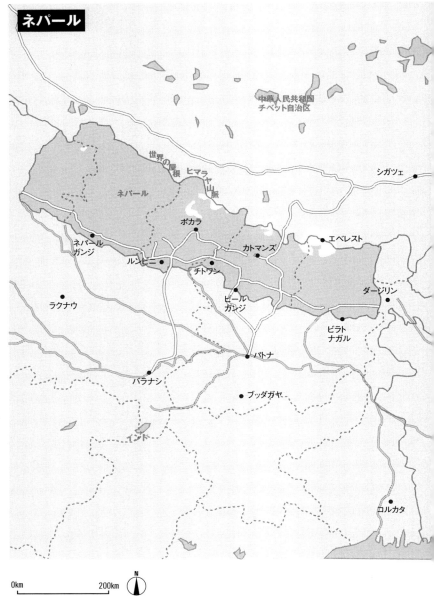

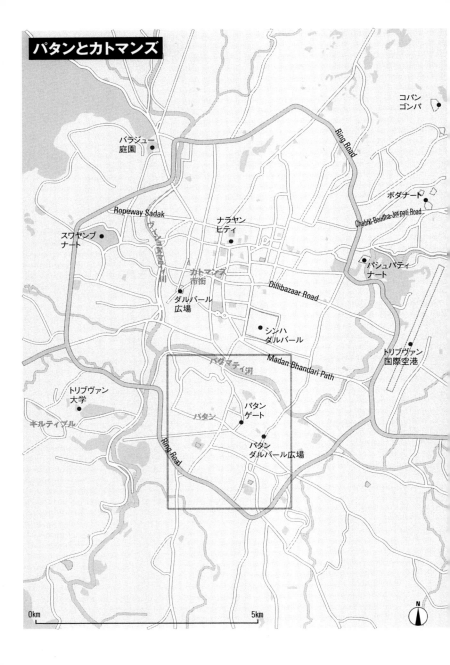

★★★
ダルバール広場 *Durbar Square*
★☆☆
パタンゲート *Patan Gate*

Introduction
息づくネワールの伝統

カトマンズ盆地に古くから暮らすネワール族
工芸の才能が高く、手先が器用
この盆地に美しい建築を建ててきた

ネワールとネパール

　とても似た響きをもつ「ネワール」と「ネパール」。ネワールとはカトマンズ盆地に古くから暮らしてきた民族の名前で、ネワール族は建築、工芸で優れた才能を発揮し、盆地を彩る美しいネワール様式の建築をつくってきた（長い歴史のなかで徐々に形成された）。一方で、ネパールとはカトマンズ盆地外の山間部で暮らしていた山地のヒンドゥー教徒（パルバテ・ヒンドゥー）を狭義の意味とする。18世紀にパルバテ・ヒンドゥーのゴルカ朝がカトマンズ盆地を征服し、王朝を樹立して以降、ネパールがこの国の名前となった。

ネワール語とネパール語

　ネワール族の話すネワール語はチベット・ビルマ語系で、パルバテ・ヒンドゥーの話すネパール語はインド・アーリア語系のため、両者はまったく別の言語系統となっている。歴史的にカトマンズ盆地はネワール語を話す人々が主要民族だったが、現在はネパール語を話す人々が盆地だけでなくこの国の大部分をしめている（ネワール族は人口の5％に満たないとされる）。

カトマンズ盆地でもっとも美しいというパタンのダルバール広場

木の柱にはネワール職人による彫刻がほどこされている

この盆地で文化をつむいできたネワール人

祭祀とともに生きるネワール族

「3日に一度どこかで祭りがある」と言われるカトマンズ盆地。なかでもネワール族のあいだでは、祭祀が生活に浸透していることが知られ、ダサインやインドラ・ジャトラなどの年中行事、バクタプルとパタンというようにふたつの街にまたがって行なわれる祭り、安産祈願や病気回復のための儀式など枚挙にいとまがない。祭のあとには宴会がもよおされ、肉や野菜の各種料理、酒が振る舞われることから、「ネワールは宴会で破産する」という言葉も聞かれる。

北京に呼ばれたネワール職人

パタンだけでなく、カトマンズやバクタプルのダルバール広場で見られる建築群はカトマンズに古くから暮らすネワール職人の手によるもの。彼らは伝統的に工芸や建築などの才能に長け、三重塔、五重塔などの楼閣式の建築を造営してきた。このネワール職人のなかでも知られるのがネワール人建築家アニコ(パタンの職人だったと考えられる)で、80人の工匠を連れて中国へおもむき仏塔を建てた。アニコはフビライ・ハンへの謁見を許され、北京の白塔寺(妙応寺)ではネワール様式の仏塔が見られる(この寺にはストゥーパを建立したアニコの像が立つ)。

演奏するネワール人、祭りごとは何よりの楽しみ

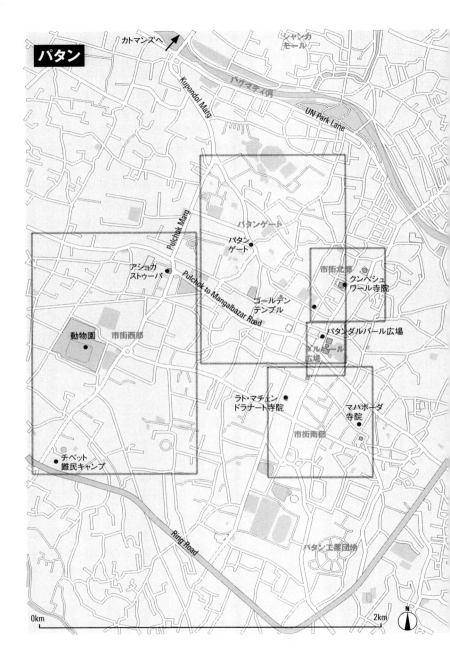

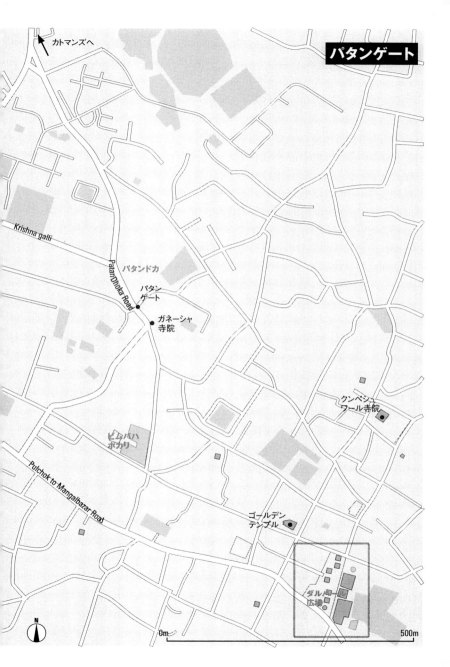

パタン／ネワール文化と「美の都」

★★★
ダルバール広場 *Durbar Square*
★★☆
ゴールデン・テンプル (クワ・バハ) *Golden Temple*
クンベシュワール寺院 *Kumbeshwar Mandir*
マハボーダ寺院 *Mahabouddha Mandir*
★☆☆
パタンゲート *Patan Gate*
シャンカモール *Shankhamole*
ラト・マチェンドラナート寺院 *Machhendranath Mandir*
動物園 *Zoo*
チベット難民キャンプ *Tibetan Refugee Camp*
アショカ・ストゥーパ *Ashoka Stupa*

Durbar Square
ダルバール広場鑑賞案内

ネパール中にその名前が知られるパタンのクリシュナ寺院
広場東側を構成する王宮建築
「カトマンズ盆地でもっとも美しい」と言われるダルバール広場

パタンゲート ★☆☆
Patan Gate ／ पाटन ढोका

　パタンゲート(パタン・ドカ)は、カトマンズからパタンに入る地点に立つ門で、これより南東側がパタン旧市街となる。白色のアーチを描く門にはネパールの神さまや「目」などのイラストとデーヴァナーガリー文字が見える。近くにはガネーシャ寺院も立つ。道はパタンのダルバール広場へと続いている。

ダルバール広場 ★★★
Durbar Square　पाटन दरबार स्कायर

　赤茶色のレンガで組まれたマッラ朝時代の王宮、寺院建築が連なるダルバール広場。中世(15〜18世紀)にカトマンズ、バクタプルと覇を競ったパタン・マッラ朝の中心地だったところで、広場中央の通りの東にパタン・マッラ王朝時代の王宮、西側に寺院建築がならぶ。これらの建築はパタン・マッラ王朝シッディナラシンハの時代に造営され、その後、16世紀から18世紀にかけて増改築が繰り返されて現在の姿になった。ダルバール広場はマンガール(中心の)・バザールとも呼ばれ、穀物や野菜などの食材、雑貨や工芸品などを売る市が立つ。

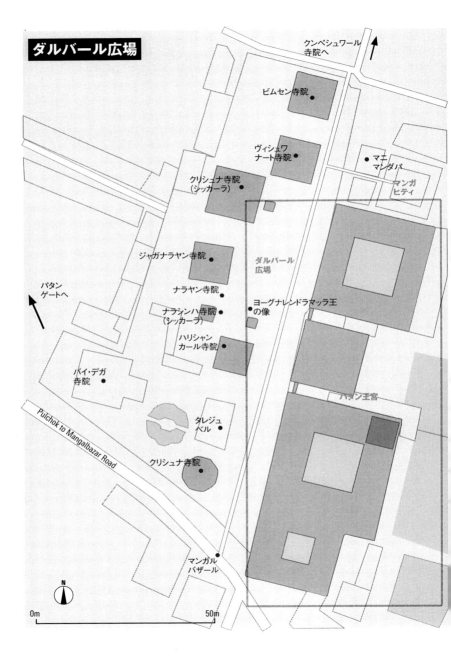

ビムセン寺院 ★★☆
Bhimsen Mandir／भीमसेन मन्दिर

　シヴァ神の獰猛な化身ビムセン神がまつられたヒンドゥー寺院。好戦的な性格と破壊的な力をもつビムセンはヒンドゥー叙事詩『マハーバーラタ』に登場する英雄で、ネワール人には商業の神として信仰されている。パタンでもっとも人気のある寺院のひとつで、毎年、8月に催されるビムセンに捧げる祭りでは、カトマンズ盆地のみならずネパール各地から巡礼客を集める(三層屋根の支柱にはお椀やスプーンなどが釘づけにされている)。またビムセン寺院の僧侶は葬儀を担当するカーストであることでも知られる。

ビムセン神像 ★☆☆
Bhimsen Statue／भीमसेन

　パタン王はこのビムセン神の像をつくるために職人たちを集めたが、その像を彫るのは「荷が重たい」と言って誰ひとりそれを受けようとしなかった。おじけづいた職人たちに腹を立てたパタン王が、そばにいた職人を殴りつけると、

★★★
ダルバール広場 *Durbar Square*
パタン王宮 *Royal Palace*

★★☆
ビムセン寺院 *Bhimsen Mandir*
クリシュナ寺院(シッカーラ) *Krishna Mandir*

★☆☆
マニ・マンダパ *Mani Mandapa*
マンガ・ヒティ *Manga Hiti*
ヴィシュワナート寺院 *Vishwanath Mandir*
ジャガナラヤン寺院 *Jaganarayan Mandir*
ナラヤン寺院 *Narayan Mandir*
ナラシンハ寺院(シッカーラ) *Narasimha Mandir*
ヨーグナレンドラ・マッラ王の像 *King Yoganarendra Malla's Statue*
ハリシャンカール寺院 *Hari Shankar Mandir*
タレジュ・ベル *Taleju Bell*
クリシュナ寺院 *Krishna Mandir*
バイ・デガ寺院 *Bhai Dega*

殴られた職人はそのときの王の怒りの形相にひらめいて、一気にビムセン神の像を彫りあげてしまったという。

マニ・マンダパ ★☆☆
Mani Mandapa मणि मंडप

　四方に壁がない開放的な空間をもつマニ・マンダパ。1701年のパタン・マッラ朝時代、芸術を愛するヨーガナレーンドラ王の命で造営され、ネワール職人によって緻密に装飾された彫刻の見事さで知られる（王はこの他にも数々の寺院や神像をつくるよう命じている）。集まった巡礼客それぞれが、自由にくつろいだ時間を過ごしている。

マンガ・ヒティ ★☆☆
Manga Hiti／मंगा हिति

　マンガ・ヒティは水蓮のかたちをした水場。3体のマカル（ワニ）の石像が配置され、ここで休む人々の姿が見られる。

テペ王妃の像の台座 ★☆☆
Plinth of Queen Tepe रानी की पेडस्टल

　カトマンズ・マッラ王国から独立したパタン・マッラ王国の最初の王シッディ・ナラシンハの長男をテペと言った。テペは「触れた水は他の人が飲まない」という低カーストの女性と結婚した。そして王妃の像をおいた水場がつくられたが、誰もこの水で沐浴せず、飲み水に使われることもなく、ただ排泄物を流すためだけにこの水は使用された。のちに王妃の像は盗まれてしまい、現在、台座だけが残っている。

パタン最高峰の建築クリシュナ寺院、石づくりの様式

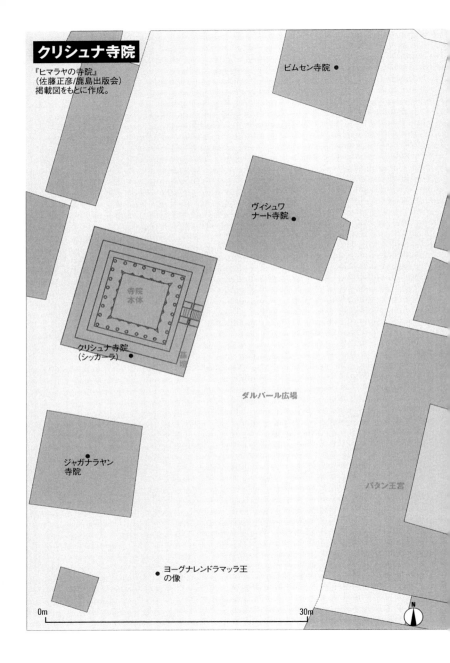

ヴィシュワナート寺院 ★☆☆
Vishwanath Mandir विश्वनाथ मन्दिर

　1627年に建立され、シヴァ神がまつられたヴィシュワナート寺院(ヴィシュワナートは「世界の主宰神」を意味する)。寺院のなかには、シヴァ神そのものと見なされる男性器リンガが安置されて、寺院うしろにはシヴァ神の乗りもの牡牛ナンディーの姿が見える。

クリシュナ寺院（シッカーラ）★★☆
Krishna Mandir ／ कृष्ण मन्दिर

　ダルバール広場のなかでも一際人気の高いクリシュナ寺院。中心にそびえる塔のまわりを8本の塔が、その下層でさらに8本の塔がとり囲む。17世紀のパタン・マッラ朝時代、シッディ・ナラシンハ王が「クリシュナ神が踊る夢」を見て、その場所にクリシュナ神をまつる寺院を建立したことにはじまる。シッディ・ナラシンハ王は王族の守り神タレジュ女神をはじめ、シヴァ神、ヴィシュヌ神、ブッダも等しく信仰した。そのため2階には主神クリシュナ(クリシュナを囲むようにヴィシュヌ神の10化身像が配置され、『マハーバーラタ』の挿話が刻まれている)、3階にシヴァ神(四方にシヴァ・リンガが見える)、4階にブッダの像が安置され、宗派や宗教の違う神々がひとつの寺院にまつられている。8月後半のクリシュナ生誕祭には、ネパール中からこの寺院に集まる。

★★★
パタン王宮 Royal Palace
ダルバール広場 Durbar Square

★★☆
ビムセン寺院 Bhimsen Mandir
クリシュナ寺院（シッカーラ） Krishna Mandir

★☆☆
ヴィシュワナート寺院 Vishwanath Mandir
ジャガナラヤン寺院 Jaganarayan Mandir
ヨーグナレンドラ・マッラ王の像 King Yoganarendra Malla's Statue

ヒンドゥー教の彫像が見える

石の寺院と木の寺院の双方が立つ

石造りの寺院シッカーラ

　クリシュナ寺院はレンガと木造で組まれたネワール様式ではなく、インドのシッカーラと呼ばれる石づくりの寺院となっている。シッカーラとは、サンスクリット語で「山頂」を意味し、ヒマラヤの峰がイメージされている。ヒンドゥー教ではヒマラヤには神々が棲むと信じられ、シヴァ神とパールヴァティー女神(シヴァ神の配偶神で「山の娘」を意味する)は夫婦仲睦まじくカイラス山で暮らしているという。

6年の月日をかけて完成

　パタン・マッラ朝のなかでも名君の誉れが高いシッディ・ナラシンハ王。王はクリシュナ寺院の造営に精魂をかたむけ、その完成時には王位から身をひこうと考えていた。それを知った王妃は少しでも工事を遅らせようと職人たちの作業の段取りを悪くし、建立には6年以上の歳月を要したという。

ジャガナラヤン寺院 ★☆☆
Jaganarayan Mandir / जगत नारायण मन्दिर

　ヴィシュヌ神の化身ジャガンナラヤン神をまつったヒンドゥー寺院。1565年建立のダルバール広場でも最古級の建築だとされる。屋根の支柱にエロティックな彫刻が見える。

ナラヤン寺院 ★☆☆
Narayan Mandir / नारायण मन्दिर

　ジャガナラヤン寺院南に立つこぢんまりとしたヒンドゥー寺院。ヴィシュヌ神の化身ナラヤン神がまつられて

ダルバール広場を往来する人たち

基壇に腰掛けて談笑する人々の姿がある

王宮に臨むヨーグナレンドラ・マッラ王の像

いる。

ナラシンハ寺院(シッカーラ) ★☆☆
Narasimha Mandir　नरसिंह मन्दिर

　半獅子のナラシンハ(ヴィシュヌ神)がまつられたヒンドゥー寺院。石づくりのシッカーラ様式で建てられている。

ヨーグナレンドラ・マッラ王の像 ★☆☆
King Yoganarendra Malla's Statue／राजा योग नरेंद्र मल्ला प्रतिमा

　パタン王宮のほうに向かってひざをつき、頭に鳥を載せたヨーグナレンドラ・マッラ王の像。王はパタン・マッラ王朝黎明期に一時代を築き、年老いてから聖地スワヤンブナートまで続く地下の洞窟へ向かい、そこで瞑想して天寿を全うしようと考えた。そのとき、「私の像の鳥が飛び立つまで、私が死んだと考えるな」と告げたことから、王は今でも生きていると信じられている(王の従者の子孫は、ベッドのシーツをとり替えて、王の帰還を待っているという)。

ハリシャンカール寺院 ★☆☆
Hari Shankar Mandir　हरि शंकर मन्दिर

　ヒンドゥー教の二大神シヴァ神とヴィシュヌ神の両方の神性をそなえるハリシャンカールがまつられたヒンドゥー寺院。18世紀初頭、パタン・マッラ王ヨーグナレンドラの娘によって建立された三層のネワール様式寺院となっている。

タレジュ・ベル ★☆☆
Taleju Bell／तलेजु बेल

　頑丈な2本の柱のあいだにつるされたタレジュ・ベル。18世紀、不平をもつ民がこの鐘を鳴らして王に陳情したという。1703年に最初につくられたものは、ラト・マチェンドラナート寺院に移され、現在のものは1736年につくられた。

クリシュナ寺院 ★☆☆
Krishna Mandir／कृष्ण मन्दिर

　ダルバール広場の南側に位置するもうひとつのクリシュナ寺院。八角形で石づくりの様式をしている。ダルバール広場には、中央北部とここにふたつのクリシュナ寺院が立つ。

バイ・デガ寺院 ★☆☆
Bhai Dega／भाई डेगा मन्दिर

　シヴァ神に捧げられたバイ・デガ寺院。生命力の象徴リンガがまつられている。八角形クリシュナ寺院の背後に立つ。

バネシャール像 ★☆☆
Baneshal Statue　बनेसाल मूर्ति

　ガルーダ（ヴィシュヌ神の乗りもの）の従兄弟バネシャール。この像の尻の部分に鍵がかかっていて、パタンの宝物が隠されているという言い伝えがある。鍵を開けるには呪文を唱える必要があるが、その呪文は失われてしまったという。

Royal Palace
旧王宮鑑賞案内

ダルバール広場に面して立つ旧王宮
チョークと呼ばれるロの字型建築が
組みあわされている

パタン王宮 ★★★
Royal Palace／पाटन दरबार

　ダルバール広場の東側一帯に広がるパタン王宮。ダルバール広場の寺院建築は、すべてこの王宮に向かうように建てられ、パタン王族が起居する場となっていた。この場所には13世紀にマッラ朝がカトマンズ盆地を支配するより古く(デーヴァ王族時代)から宮殿があったとされ、三都マッラ王朝時代(17～18世紀)に現在ある美しい建築群が見られるようになった。王宮建築は、中庭を囲むロの字プランをもち、デグタレ寺院(1640年造営)、ムル・チョーク(1668年造営)、スンダリ・チョーク(1670年造営)などの宗教施設、住居などから構成されている。それぞれの建築が異なる時代に、異なる王によって建てられたことから、相互に通じる通路がなく、ひとつずつの建物の独立性が高い。三都マッラ朝以後、ゴルカ朝の都がおかれたカトマンズと違って、パタンの王宮は中世の様子に近い姿を今に伝えている。

スンダリ・チョーク ★☆☆
Sundari Chowk／सुन्दरी चोक

　パタン・マッラ朝時代に王の住居がおかれていたスンダリ・チョーク。ハヌマン神、ガネーシャ神、ヴィシュヌ神の化

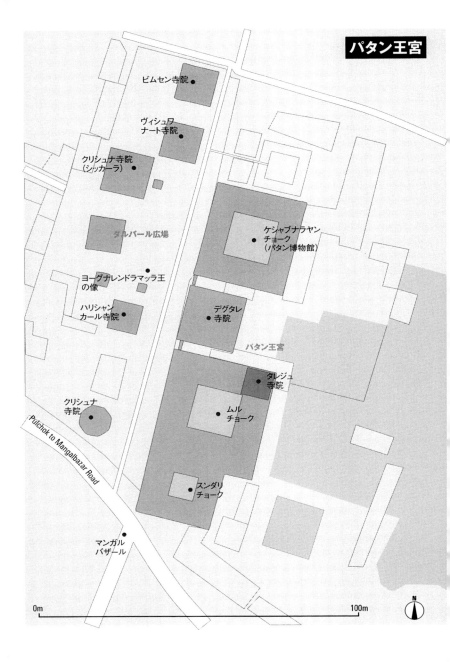

身であるナラシンハの石像が入口を守っている。各階をわける木彫りの蛇腹、またパタン王が毎朝、沐浴を行なったという沐浴場などを備えている。このスンダリ・チョークに見られる石のベッドにはひとつの説話が残っている。パタン王は自身が心地よく眠るためによりやわらかいベッドを望んだが、やわらかいベッドで眠ると、もっとやわらかいベッドをほっするようになった。その欲望は果てしなく、むなしいものだと悟り、己を戒めるため石のベッドをつくらせたのだという。

ムル・チョーク ★☆☆
Mul Chowk／मूल चोक

「主要な」を意味するムル・チョークは、行政、祭祀の場として、かつては王宮の中枢だった。2階建ての中庭をもつ様式で、西側正面入口の方杖に彫り込まれた八母神と対をなす八バイラヴァの方杖はネワール彫刻の傑作にあげられる。秋の大祭ダサインのときには、三重塔が載る南棟の神座にタレジュ女神が降臨するとされ、そこに山羊や水牛などのいけにえが捧げられる。

★★★
ダルバール広場 Durbar Square
パタン王宮 Royal Palace

★★☆
ビムセン寺院 Bhimsen Mandir
クリシュナ寺院（シッカーラ） Krishna Mandir

★☆☆
スンダリ・チョーク Sundari Chowk
ムル・チョーク Mul Chowk
タレジュ寺院 Taleju Mandir
デグタレ寺院 Degutalle Mandir
ケシャブナラヤン・チョーク Keshab Narayan Chowk
パタン博物館 Patan Museum
ヴィシュワナート寺院 Vishwanath Mandir
ヨーグナレンドラ・マッラ王の像 King Yoganarendra Malla's Statue
ハリシャンカール寺院 Hari Shankar Mandir
クリシュナ寺院 Krishna Mandir

タレジュ寺院 ★☆☆
Taleju Mandir／तलेजु मन्दिर

　マッラ王族の守り神であるタレジュ女神がまつられたヒンドゥー寺院。その重要性を示すように、王宮の祭祀の場であったムル・チョークの北東に載る三重の塔となっている。パタン王宮には3つのタレジュ寺院があり、すべてムル・チョーク付近に立っている。

デグタレ寺院 ★☆☆
Degutalle Mandir／देगू तलेजु मन्दिर

　1641年、パタン・マッラ朝シッディ・ナラシンハ王の時代に建立されたデグタレ寺院。この王は夏に火をたき、冬には薄着で過ごし冷たい石の床で寝るというような苦行を自ら課すなど、信仰心が深いことで知られた（バラナシやデリーなどへの巡礼も積極的に行なった）。デグタレ寺院のほかにも王はクリシュナ寺院、庭園、人工池などを造営している。

ケシャブナラヤン・チョーク ★☆☆
Keshab Narayan Chowk／केशव नारायण चोक

　ダルバール広場からのぞむことができる特徴的な三連窓をもつケシャブナラヤン・チョーク。木造バルコニーの回廊を配した3階建ての建物となっていて、王宮のなかではもっとも新しく、1734年に完成した。金色に輝く中央の窓は王を示し、かつてパタン王はここから顔を出したという。入口の黄金製トーラナには、シヴァ神、パールヴァティー女神、ガネーシャ神などが彫られていて、通路を通って中庭に着くと美しい彫刻をほどこした方杖が見られる。現在、博物館になっている。

パタン博物館 ★☆☆
Patan Museum／पाटन संग्रहालय

　「美の都」パタンで制作された数々の美術品、工芸品の数々がならぶパタン博物館。鋳造仏の制作過程や、金属板をたたいてつくるレリーフなどが見られ、中世以来、受け継がれてきたネワール職人の技術を堪能できる。

南アジアで一般的な手で食事をとる作法

木造の楼閣が見えるパタンの王宮

チョークと呼ばれる中庭をもつ建築

建築と建築が組み合わさり独特の景観をつくる王宮

Tyusei Patan
中世パタンの栄光

カトマンズ、バクタブルと競った都市国家パタン
盆地随一の美しさをもつダルバール広場に
中世の繁栄を見る

三都マッラ王朝の繁栄

　15〜18世紀、カトマンズ盆地で覇をきそったパタン、カトマンズ、バクタブルの三都。三都マッラ朝と総称されるこれらの王朝は、もともとバクタブルに首都をおくマッラ朝を出自とする。15世紀、あと継ぎ争いがもとで、バクタブルのマッラ王朝からパタンを含むカトマンズ・マッラ王朝が分離独立し、さらにパタン・マッラ王朝が独立するにいたった。こうしてカトマンズ盆地には都市国家がならび立つ状況になり、各都市は競いあうように王宮や寺院を建設した。三都はたがいにライバル関係にあり、盆地内が政治的に統一されることはなく、18世紀になると盆地外からの勢力ゴルカ朝に征服されてしまった。

ネパールに見るイスラム教の影響

　パタン王宮の窓の格子は、それまでの純粋なネワール様式のものではなく、縦横、ななめなど変化に富んだ自由な意匠をもつ。このようなデザインはネパールに三都マッラ朝が君臨したのと同時代の北インドで、デリー・サルタナット朝、ムガル朝などのイスラム王朝が樹立され、その影響を受

都市をまたいでの祭りも見られる

けたものだと考えられる。カトマンズ盆地へのイスラム教の影響は、14世紀、ベンガル地方のイスラム軍による侵略を受けたこと、時代がくだって18世紀のゴルカ朝がムガル帝国に臣従する立場をとったことなどであらわれるようになった。ゴルカ朝の築いた建築のなかには、ムガル様式を思わせる柱の間のアーチやタージ・マハルの白大理石を意識した白色の宮殿が残っている。

パタン・マッラ朝の終焉

　パタン・マッラ朝も後期になると、カトマンズ、バクタプルの二都にくらべて王統が途切れがちになり、勢力は弱まっていた。こうしたなか、パタンは盆地外で勢力を拡大していたゴルカ朝のプリティビ王の弟をパタン王に迎えることで他の二都に対抗しようとした。ゴルカ朝にはカトマンズ盆地への野心があり、キルティプル(パタンの領土)がゴルカ朝に攻められても、新パタン王(ゴルカ王の弟)は動かなかったことなどから、やがてこの王も追放されてしまった。こうして盆地内の三都の争いが続く1768年、ゴルカ朝はカトマンズを攻略し、カトマンズ王はパタンに逃れたが、その1ヵ月後、パタンも降伏してパタン・マッラ王朝は歴史の幕を閉じた。

各都市は美しさを競った、カトマンズ盆地の美しい建築

North Patan
市街北部城市案内

仏教の伝統を伝えるゴールデン・テンプル
美しき塔身をもつ五重の塔クンベシュワール寺院
古都パタンの路地をたどる

ゴールデン・テンプル (クワ・バハ) ★★☆
Golden Temple / हिरण्यवर्ण महाविहार

　カトマンズ盆地で最大の勢力を誇る仏教寺院クワ・バハ。寺院全体が金色に輝いているところから、ゴールデン・テンプルの愛称で親しまれている。12世紀、スワヤンブナート（ネパール仏教の根源的存在）に足を運ばなくてすむようにパタンのこの地にストゥーパが建てられ、後にネワール様式の寺院が築かれた（その後、金箔がはられた）。この寺院の正式名称はサンスクリット語で、バースカラデーヴァ・サンスカーリタ・ヒラニヤヴァルナ・マハーヴィハーラという長いもので、「バースカラデーヴァが創建した黄金色の大寺院」という意味となっている。彼は11世紀のタクリ王朝の王であり、今でもこの王の子孫は祭事のさいに施主をつとめている。

ネズミが棲む寺

　ゴールデン・テンプルでは、ときおり本堂を走りまわるネズミの姿が見られる。それは古くここが「黄金のネズミが猫を追いかけまわした」場所にあたり、そこにこの寺院が建立された名残りなのだという。そのためゴールデン・テンプルでは1日でもネズミに食事をやるのをおこたると、ネズミが

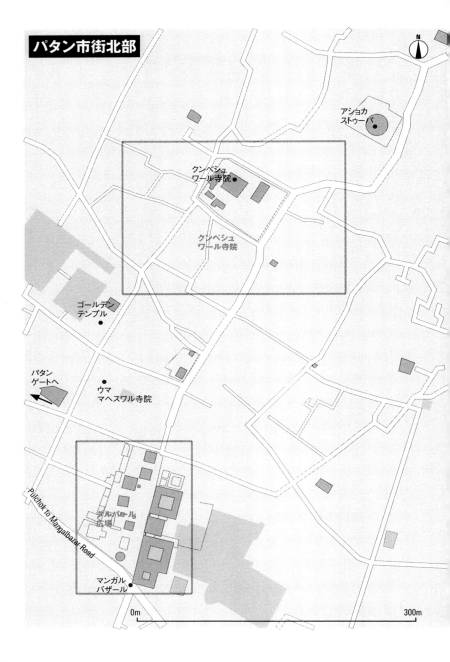

宝物を持ち去ってしまうと伝えられている。

チベット交易と黄金の仏教寺院

　ゴールデン・テンプル近くの地域は、富をなした仏教徒が数多く住んでいて、寺院北側にはチベット式の礼拝堂が見られる。16世紀のマッラ朝時代、パタンの商人はチベットとインドの交易をとりもつことで財をなし、この礼拝堂はパタンの商人がチベット交易で得た富を寄進して建てられた。現在でもゴールデン・テンプルは商売繁盛を願うパタンの商人の信仰を集めている。

クンベシュワール寺院 ★★☆
Kumbeshwar Mandir／कुम्भेश्वर महादेव मन्दिर

　カトマンズ盆地に立つネワール建築のなかでも傑作にあげられる五重塔クンベシュワール寺院。ここはパタン最大のシヴァ寺院で、同じ五重塔であるニャタポラ寺院（バクタプル）にくらべて塔身が細く、なだらかな勾配の屋根をもつ。1392年、ジャヤシッディ王の時代にこの寺院が建立されたときは、二重屋根の寺院であったが、17世紀になって上部の建物がくわえられた。この寺院の建つエリアの歴史は深く、パタン発祥の地とも言われる。

★★★
ダルバール広場 *Durbar Square*
★★☆
ゴールデン・テンプル（クワ・バハ） *Golden Temple*
クンベシュワール寺院 *Kumbeshwar Mandir*
★☆☆
ウマ・マヘスワル寺院 *Uma Maheshwar Mandir*

ネパール帽子をかぶった男性

木材で組み上げられた建築、装飾のほどこされた腕木も見える

クンベシュワール寺院

『ヒマラヤの寺院』
(佐藤正彦/鹿島出版会)
掲載図をもとに作成。

クンベシュワール寺院周辺

パタン開闢伝説と聖なる泉

はるか昔、ラリタ(「美しい」)と呼ばれていたこの地の森に、ひとりの農夫が草刈りにやってきた。彼はらい病に侵されていたが、ラリタの水を飲むと病が癒されてしまった。それから農夫は夢のなかで「水場近くに埋められたクンベシュワールという名のリンガを探し出し、街を築くように」というお告げを受けた。こうして「ラリタの都」、ラリタプル(パタン)がつくられたという。農夫の病を治した奇跡の水は、現在もクンベシュワール寺院の北西に残っている。

聖なる泉に残る伝説

かつてカトマンズ盆地からはるか北に離れた聖なる湖ゴサインクンドを巡礼したパタンの人が、誤って池に水差しを落としてしまった。その後、パタンに帰ってくると、クンベシュワールの湧き水から自分の水差しが出てきたので、ここがゴサインクンドから地下を伝わってつながっていることを知った。そのため年に一度、この寺院の沐浴の儀式に参加すれば、聖地ゴサインクンドへの巡礼と同じご利益を受けることになるという。

ウマ・マヘスワル寺院 ★☆☆
Uma Maheshwar Mandir／उमा महेश्वर मन्दिर

二層のネワール・パゴタ様式をもつヒンドゥー寺院。シヴァ神が足を組んで坐り、パールヴァティー女神が夫に寄

★★☆
ゴールデン・テンプル(クワ・バハ) *Golden Temple*
クンベシュワール寺院 *Kumbeshwar Mandir*

祈りを捧げる女性、信仰が息づく

交易を通してチベットの文化がもたらされた

り添うレリーフが見られる。この仲睦まじい夫婦の姿勢をウマ・マヘスワルと呼ぶ(寺院の名前となっている)。

シャンカモール ★☆☆
Shankhamole शंखमुल

　パタンの街が形成されるはるか昔からこの地の聖地だったシャンカモール。シャンカモールの背後を流れるバグマティ河岸には1世紀よりもさかのぼる石像がまつられていて、パタン発祥の地のひとつに数えられる。バグマティ河が岸の砂を浚渫するため、寺院が河のほうへ沈んでいるといった状況も見られる。

South Patan
市街南部城市案内

カトマンズ盆地では多くの人が農耕に従事してきた
農業の神様をまつるラト・マチェンドラナート
またブッダガヤの寺院を模したマハボーダ寺院などが残る

マハボーダ寺院 ★★☆
Mahabouddha Mandir／महाबुद्ध मन्दिर

　古代仏教の伝統を今に伝えるマハボーダ寺院(「偉大なるブッダ」を意味する)。16世紀、ネパールの建築家が、ブッダが悟りを開いたブッダガヤ(インド)に巡礼し、彼の地のマハボーダ寺院を模したのがこの寺院のはじまりで、親子三代100年のときを経て完成させた。マハボーダ寺院には9000もの仏が彫り込まれていて、それらは近郊に暮らす仏像職人サキヤ・カーストの手による。

ラト・マチェンドラナート寺院 ★☆☆
Machhendranath Mandir／रातो मछेन्द्रनाथ मन्दिर

　雨と豊穣の女神がまつられたラト・マチェンドラナート寺院。農業にたずさわる人々に信仰され、この寺院のヒンドゥー女神は仏教徒からは観音菩薩と見られてきた。カトマンズにあるセト(白い)・マチェンドラナートと区別して、ラト(赤い)・マチェンドラナートと呼ばれる。15世紀に建てられたのち、1673年に改修された。

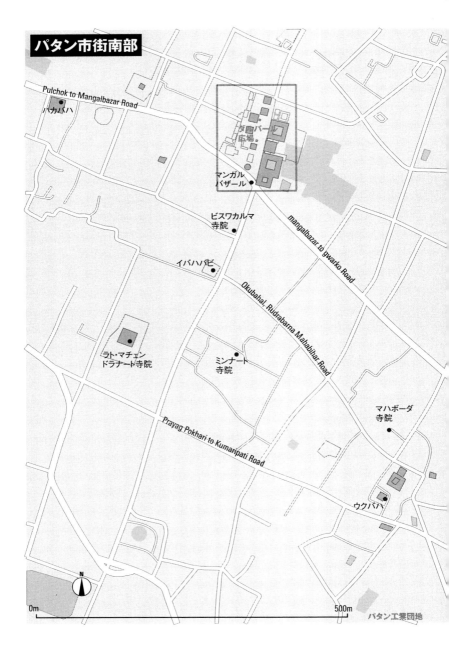

異なる都市国家を越えて

　中世(15〜18世紀)の三都マッラ朝時代、ラト・マチェンドラナート寺院の山車巡行祭りや大沐浴の儀には、バクタプルから運ばれる聖剣による儀式がかかせなかった。そのためパタンとバクタプルのあいだには争っているときでも祭祀を優先する条約が交わされていた(カトマンズ盆地の人々にとって収穫を祈る祭祀は何より優先されていた)。

ミンナート寺院 ★☆☆
Minanath Mandir　मिननाथ मन्दिर

　ダルバール広場から南にくだったところに位置する仏教寺院。マッラ王朝が三都に分裂する前のヤクシャ・マッラ王時代に建てられ、境内には仏塔も残る。

ウク・バハ ★☆☆
Uku Baha　उकु बहाल

　クワ・バハ(ゴールデン・テンプル)に次ぐ規模を誇るウク・バハ。この寺院の歴史は11世紀ごろまでさかのぼり、リッチャヴィ時代にこの地に君臨したシヴァデーヴァ王が築き、自らこの寺院の僧侶になったと伝えられる。金箔をはった二重の屋根をもつ。

★★★
ダルバール広場 *Durbar Square*
★★☆
マハボーダ寺院 *Mahabouddha Mandir*
★☆☆
ミンナート寺院 *Minanath Mandir*
ウク・バハ *Uku Baha*
イ・バハ・バヒ *I Baha Bahi*
ビスワカルマ寺院 *Bishwakarma Mandir*
ハカ・バハ *Haka Baha*

路上の子どもたち、人口が増えているネパール

ブッダガヤのマハボーダ寺院、この様式がパタンにも伝わった

イ・バハ・バヒ ★☆☆
I Baha Bahi／इ बा बहि

　こぢんまりとした仏教僧院イ・バハ・バビ。時間の経過とともに建物は劣化し、また1934年の地震で倒壊の危機にあったが、日本チームの手によって修復された経緯がある。

ビスワカルマ寺院 ★☆☆
Bishwakarma Mandir／विश्वकर्मा मन्दिर

　パタンの工芸、建築の伝統を伝えてきたネワール職人に捧げられたビスワカルマ寺院。この寺院の近くには工芸をになうネワール族サキヤ・カーストの人々が暮らしていて、周囲では鍛冶職人の姿や金属を打つ音が聴こえてくる。

ハカ・バハ ★☆☆
Haka Baha／कुमारी महल

　カトマンズの「ネパール国の守り神」ロイヤル・クマリに対し、パタンにも「パタンの守り神」ローカル・クマリがいて、このハカ・バハの僧侶の娘が選ばれてきた。このハカ・バハはダルバール広場の王宮の一部を構成していたが、17世紀、シッディ・ナラシンハ王が王宮を増築したときに現在の場所に移された。パタン・マッラ王朝があった中世には、このクマリがパタン王国の守り神とされていた。

バグマティ河がカトマンズとパタンをわける

West Patan
市街西部城市案内

パタンの街をとり囲むように立つ
アショカ・ストゥーパ
また動物園では象に乗ることができる

動物園 ★☆☆
Zoo／चिडियाखाना

　パタン西部のジャワラケルにある動物園。動物園はネパールではめずらしい施設で、象の背中に乗って散歩することができる。そのほかにもインド・サイやトラなどが見られる。

チベット難民キャンプ ★☆☆
Tibetan Refugee Camp　तिब्बति सरणार्थी सिबिर

　1959年のチベット動乱で祖国を追われることになったチベット人たちが暮らす難民キャンプ。隣国のネパールやインドへと逃れたチベット人たちは彼らの祖国と気候が似たネパール山岳地帯にいたが、その後、カトマンズ盆地へも移住するようになった。パタンにはカトマンズ盆地でももっとも仏教の伝統が残っているところで、現在ではチベット人の姿も多く見られる。

ハンディクラフト・センター ★☆☆
Handicraft Center／जावलाखेल हस्तकला सामाग्री

　難民としてネパールへ逃れてきたチベット人たちが絨

チベット仏教の僧侶、熱心に祈りを捧げる

祈りの火、そしてマニ車が見える

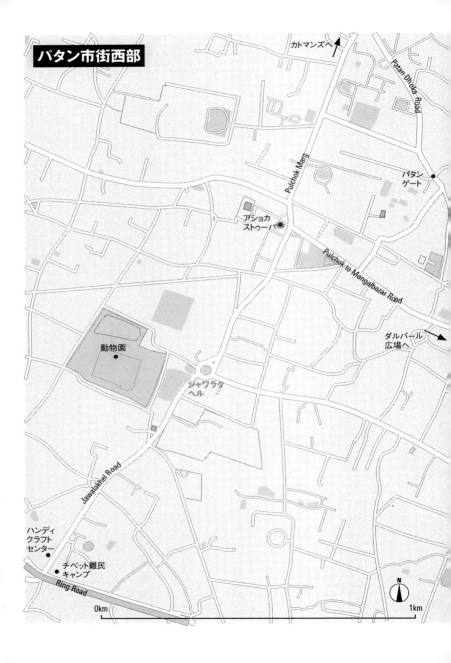

毯をおり、その販売も行なっているハンディクラフト・センター。チベット人が絨毯をおるのは、カトマンズ盆地ではヤクを使った放牧や交易による生活が維持できず、新たなチベット人の産業としていることによる。

アショカ・ストゥーパ ★☆☆
Ashoka Stupa／अशोक स्तूप

　パタンを囲むように残る複数のアショカ・ストゥーパ。仏教を篤く保護したダルマ(法)の王アショカが建立したと伝えられ、街の東西南北と市街にひとつのあわせて5つのストゥーパが見られる(それぞれのストゥーパに統一性がなく、高さも10mにも満たない)。街の四方、八方に女神や寺院を配置する曼荼羅様式は、カトマンズ盆地に見られる特徴で、仏教と深い関わりをもつアショカ王のストゥーパがパタンの街を守護するようになっている。一方、これらのストゥーパには、石柱に刻まれた碑文やアショカ王が来訪したという史実がないため、ストゥーパがアショカ王の手によるものかは疑わしいという(北のストゥーパは、古代インドの様式ではなく、ブッダ・アイが刻まれたネパール様式で、17世紀ごろのものだと考えられる)。

★☆☆
動物園 *Zoo*
チベット難民キャンプ *Tibetan Refugee Camp*
ハンディクラフト・センター *Handicraft Center*
アショカ・ストゥーパ *Ashoka Stupa*
パタンゲート *Patan Gate*

手と足を使って工芸品をつくる木工職人

北京の白塔寺、ネワール職人アニコによるストゥーパが今も残る

Kodai No Dentou
古代仏教の伝統が残る街

仏教の伝統を今に伝える街パタン
ネパール仏教徒は工芸や彫刻に従事し
見事な仕事ぶりを見せている

仏教の伝統が残る街

　ヒンドゥー教徒が多数をしめるネパールにあって、古くからパタンに暮らすネワール人の多くが仏教を信仰してきた。街を囲むようにして建てられているアショカ・ストゥーパからも、パタンと仏教の関係を読みとることができる。こうしたパタンには、原始仏教のサンガ（仏僧の集団）がもとで街が起こったという言い伝えがあり、カトマンズやバクタプルにくらべて今なお仏教の伝統が息づいている。また仏教寺院や仏教彫刻の担い手であるネワール人サキヤ・カーストの人々は、古代、コーサラ国に滅ぼされた釈迦族（ブッダを生んだ）の末裔だとも伝えられている。

カースト化して生き残った仏教徒

　ネパールの仏教が特異なのは、ネパール仏教徒がヒンドゥー教のカーストのひとつに組み込まれている点にあるという。インドでは5世紀ごろから仏教はヒンドゥー教の一派だと見られ、13世紀になると仏教教団はついえてしまった。ネパールでもヒンドゥー教の勢力が強くなっているが、ネパール仏教徒は異なる職業や生業、民族が組み込まれ

たカーストに自らを位置づけることで、そのアイデンティティをたもつことができたと考えられるという。ネワール人仏教徒のなかでも彫刻、工芸を担うサキヤ・カーストはとくに知られ、「ネパールの守り神」ロイヤル・クマリはそのなかから選ばれる。

ネワール建築に応用された仏教僧院バハとバヒ

　ネパールの仏教僧院バハやバヒは、古代インドの仏教僧院ビハーラに由来し、ロの字型の中庭をもつそのプランは2000年以上の伝統がある(出家者が拠点とした郊外のバヒに対して、結婚した仏教僧が市街にバハを建てた違いがあるという)。ネパールではリッチャヴィ朝時代からこの様式があったと考えられ、現存するものとしてはマッラ朝時代のものが最古となっている。このバハやバヒで見られるロの字型建築は、ネパールでは王宮建築などに応用され、現在もカトマンズ、パタンなどの街角を彩っている。

ネパールの人々はとても手先が器用　　　　　　パタンのダルバール広場、壮麗な建築群が残る

参考文献

『ネパール・カトマンズの都市ガイド』(宮脇檀・中山繁信/建築知識)
『ネパール建築逍遥』(藤岡通夫/彰国社)
『ネパール全史』(佐伯和彦/明石書店)
『ネパール仏教』(田中公明・吉崎一美/春秋社)
『世界美術大全集』(立川武蔵/小学館)
『聖なるカトマンズ』(大村次郷/山と渓谷社)
『もっと知りたいネパール』(石井溥/弘文堂)
『ネパールで出会った神々』(白井有紀/丸善)
『ネパールの王宮と仏教僧院』(日本工業大学)
『ネパールの都市と王宮』(日本工業大学ネパール王国古王宮調査団)
『ヒマラヤの寺院』(佐藤正彦/鹿島出版会)
『世界大百科事典』(平凡社)
OpenStreetMap
(C)OpenStreetMap contributors

まちごとパブリッシングの旅行ガイド
Machigoto INDIA , Machigoto ASIA , Machigoto CHINA

北インド-まちごとインド

- 001　はじめての北インド
- 002　はじめてのデリー
- 003　オールド・デリー
- 004　ニュー・デリー
- 005　南デリー
- 012　アーグラ
- 013　ファテープル・シークリー
- 014　バラナシ
- 015　サールナート
- 022　カージュラホ
- 032　アムリトサル

西インド-まちごとインド

- 001　はじめてのラジャスタン
- 002　ジャイプル
- 003　ジョードプル
- 004　ジャイサルメール
- 005　ウダイプル
- 006　アジメール(プシュカル)
- 007　ビカネール
- 008　シェカワティ
- 011　はじめてのマハラシュトラ
- 012　ムンバイ
- 013　プネー
- 014　アウランガバード
- 015　エローラ
- 016　アジャンタ
- 021　はじめてのグジャラート
- 022　アーメダバード
- 023　ヴァドダラー(チャンパネール)
- 024　ブジ(カッチ地方)

東インド-まちごとインド

- 002　コルカタ
- 012　ブッダガヤ

南インド-まちごとインド

- 001　はじめてのタミルナードゥ
- 002　チェンナイ
- 003　カーンチプラム
- 004　マハーバリプラム
- 005　タンジャヴール
- 006　クンバコナムとカーヴェリー・デルタ
- 007　ティルチラパッリ
- 008　マドゥライ
- 009　ラーメシュワラム
- 010　カニャークマリ
- 021　はじめてのケーララ
- 022　ティルヴァナンタプラム
- 023　バックウォーター(コッラム〜アラップーザ)
- 024　コーチ(コーチン)
- 025　トリシュール

ネパール-まちごとアジア

001 はじめてのカトマンズ
002 カトマンズ
003 スワヤンブナート
004 パタン
005 バクタプル
006 ポカラ
007 ルンビニ
008 チトワン国立公園

バングラデシュ-まちごとアジア

001 はじめてのバングラデシュ
002 ダッカ
003 バゲルハット（クルナ）
004 シュンドルボン
005 プティア
006 モハスタン（ボグラ）
007 パハルプール

パキスタン-まちごとアジア

002 フンザ
003 ギルギット（KKH）
004 ラホール
005 ハラッパ
006 ムルタン

イラン-まちごとアジア

001 はじめてのイラン
002 テヘラン
003 イスファハン
004 シーラーズ
005 ペルセポリス
006 パサルガダエ（ナグシェ・ロスタム）
007 ヤズド
008 チョガ・ザンビル（アフヴァーズ）
009 タブリーズ
010 アルダビール

北京-まちごとチャイナ

001 はじめての北京
002 故宮（天安門広場）
003 胡同と旧皇城
004 天壇と旧崇文区
005 瑠璃廠と旧宣武区
006 王府井と市街東部
007 北京動物園と市街西部
008 頤和園と西山
009 盧溝橋と周口店
010 万里の長城と明十三陵

天津-まちごとチャイナ

001 はじめての天津
002 天津市街
003 浜海新区と市街南部
004 薊県と清東陵

上海-まちごとチャイナ

001 はじめての上海
002 浦東新区
003 外灘と南京東路
004 淮海路と市街西部

005 虹口と市街北部
006 上海郊外（龍華・七宝・松江・嘉定）
007 水郷地帯（朱家角・周荘・同里・甪直）

河北省-まちごとチャイナ

001 はじめての河北省
002 石家荘
003 秦皇島
004 承徳
005 張家口
006 保定
007 邯鄲

江蘇省-まちごとチャイナ

001 はじめての江蘇省
002 はじめての蘇州
003 蘇州旧城
004 蘇州郊外と開発区
005 無錫
006 揚州
007 鎮江
008 はじめての南京
009 南京旧城
010 南京紫金山と下関
011 雨花台と南京郊外・開発区
012 徐州

浙江省-まちごとチャイナ

001 はじめての浙江省
002 はじめての杭州
003 西湖と山林杭州

004 杭州旧城と開発区
005 紹興
006 はじめての寧波
007 寧波旧城
008 寧波郊外と開発区
009 普陀山
010 天台山
011 温州

福建省-まちごとチャイナ

001 はじめての福建省
002 はじめての福州
003 福州旧城
004 福州郊外と開発区
005 武夷山
006 泉州
007 厦門
008 客家土楼

広東省-まちごとチャイナ

001 はじめての広東省
002 はじめての広州
003 広州古城
004 天河と広州郊外
005 深圳（深セン）
006 東莞
007 開平（江門）
008 韶関
009 はじめての潮汕
010 潮州
011 汕頭

遼寧省-まちごとチャイナ

- 001　はじめての遼寧省
- 002　はじめての大連
- 003　大連市街
- 004　旅順
- 005　金州新区
- 006　はじめての瀋陽
- 007　瀋陽故宮と旧市街
- 008　瀋陽駅と市街地
- 009　北陵と瀋陽郊外
- 010　撫順

重慶-まちごとチャイナ

- 001　はじめての重慶
- 002　重慶市街
- 003　三峡下り(重慶～宜昌)
- 004　大足
- 005　重慶郊外と開発区

四川省-まちごとチャイナ

- 001　はじめての四川省
- 002　はじめての成都
- 003　成都旧城
- 004　成都周縁部
- 005　青城山と都江堰
- 006　楽山
- 007　峨眉山
- 008　九寨溝

香港-まちごとチャイナ

- 001　はじめての香港
- 002　中環と香港島北岸
- 003　上環と香港島南岸
- 004　尖沙咀と九龍市街
- 005　九龍城と九龍郊外
- 006　新界
- 007　ランタオ島と島嶼部

マカオ-まちごとチャイナ

- 001　はじめてのマカオ
- 002　セナド広場とマカオ中心部
- 003　媽閣廟とマカオ半島南部
- 004　東望洋山とマカオ半島北部
- 005　新口岸とタイパ・コロアン

Juo-Mujin (電子書籍のみ)

- **Juo-Mujin香港縦横無尽**
- **Juo-Mujin北京縦横無尽**
- **Juo-Mujin上海縦横無尽**
- **Juo-Mujin台北縦横無尽**
- 見せよう! 上海で中国語
- 見せよう! 蘇州で中国語
- 見せよう! 杭州で中国語
- 見せよう! デリーでヒンディー語
- 見せよう! タージマハルでヒンディー語
- 見せよう! 砂漠のラジャスタンでヒンディー語

自力旅游中国Tabisuru CHINA

001　バスに揺られて「自力で長城」
002　バスに揺られて「自力で石家荘」
003　バスに揺られて「自力で承徳」
004　船に揺られて「自力で普陀山」
005　バスに揺られて「自力で天台山」
006　バスに揺られて「自力で秦皇島」
007　バスに揺られて「自力で張家口」
008　バスに揺られて「自力で邯鄲」
009　バスに揺られて「自力で保定」
010　バスに揺られて「自力で清東陵」
011　バスに揺られて「自力で潮州」
012　バスに揺られて「自力で汕頭」
013　バスに揺られて「自力で温州」
014　バスに揺られて「自力で福州」
015　メトロに揺られて「自力で深圳」

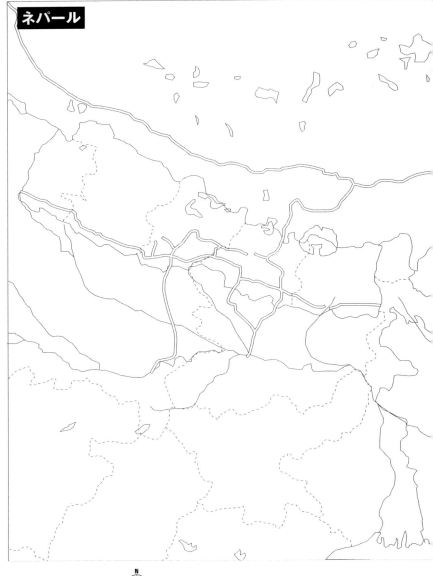

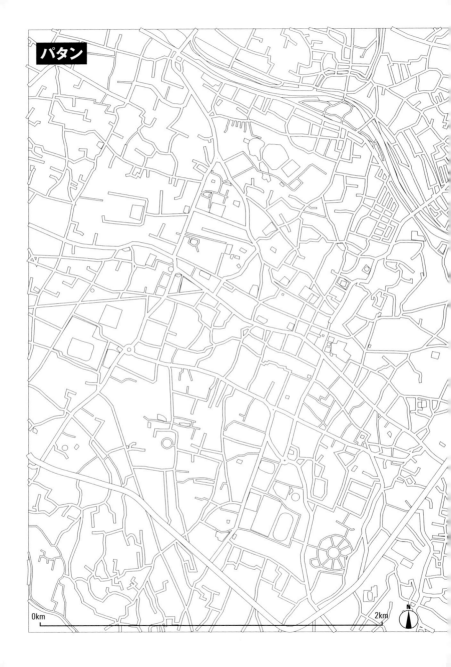

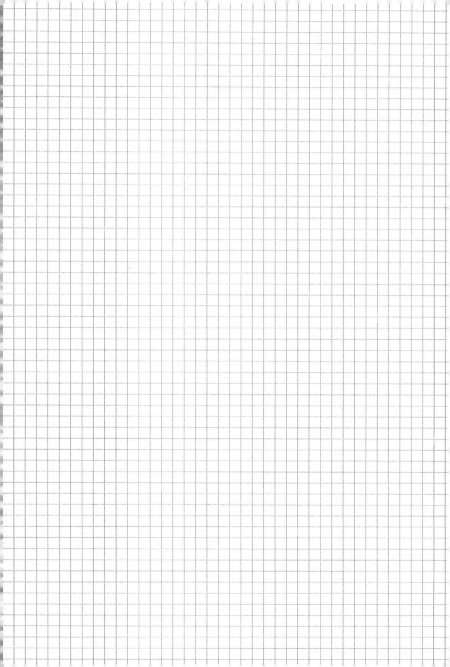

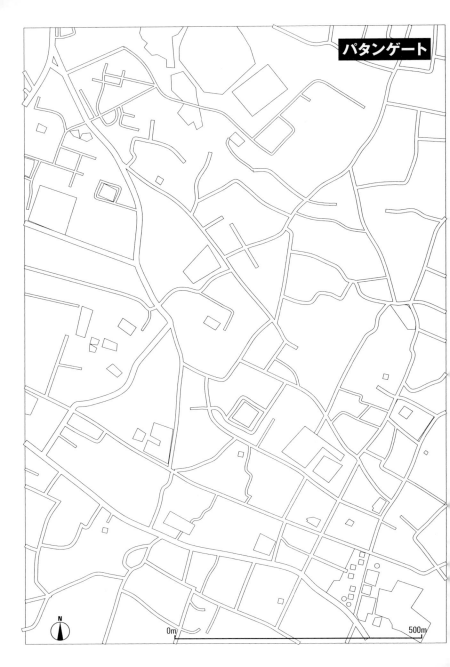

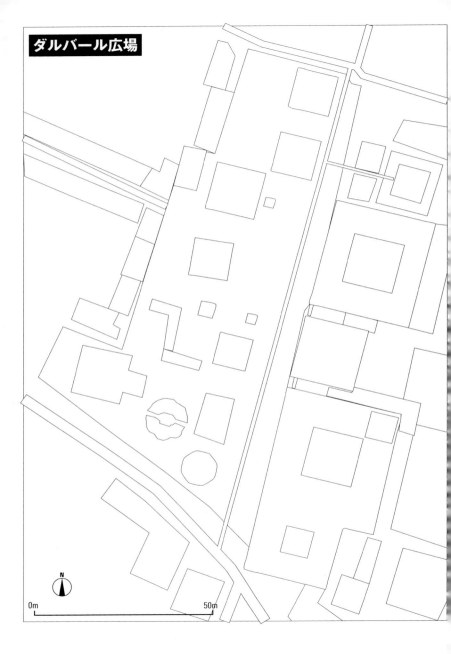

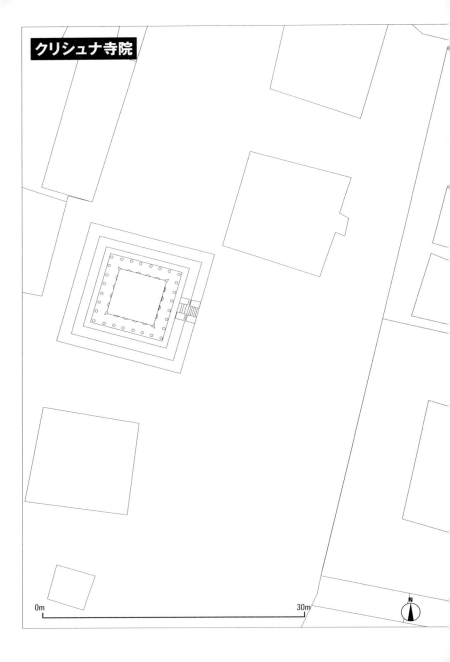

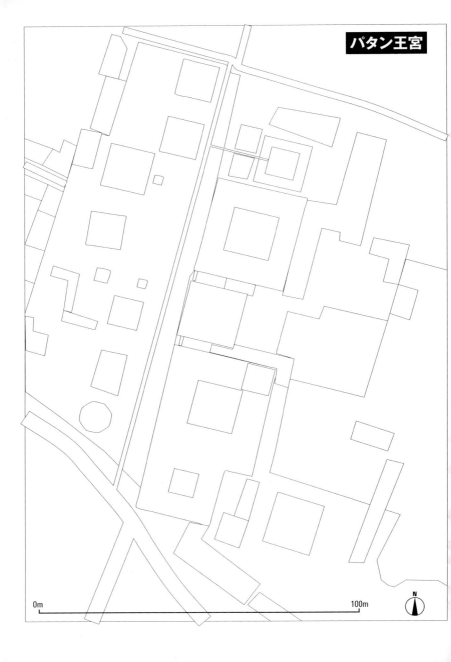

クンベシュワール寺院

クンベシュワール寺院周辺

0m　　　200m

【車輪はつばさ】
南インドのアイラヴァテシュワラ寺院には
建築本体に車輪がついていて
寺院に乗った神さまが
人びとの想いを運ぶと言います

An amazing stone wheel of the Airavatesvara Temple
in the town of Darasuram, near Kumbakonam in the South India

まちごとアジア
ネパール 004

パタン
ネワール文化と「美の都」
[モノクロノートブック版]

「アジア城市(まち)案内」制作委員会
まちごとパブリッシング
http://machigotopub.com

- 本書はオンデマンド印刷で作成されています。
- 本書の内容に関するご意見、お問い合わせは、発行元の
  まちごとパブリッシング info@machigotopub.com までお願いします。

まちごとアジア
新版 ネパール004パタン
～ネワール文化と「美の都」

2019年 11月12日　発行

著　者	「アジア城市（まち）案内」制作委員会
発行者	赤松　耕次
発行所	まちごとパブリッシング株式会社 〒181-0013　東京都三鷹市下連雀4-4-36 URL http://www.machigotopub.com/
発売元	株式会社デジタルパブリッシングサービス 〒162-0812　東京都新宿区西五軒町11-13 清水ビル3F
印刷・製本	株式会社デジタルパブリッシングサービス URL http://www.d-pub.co.jp/

MP229

ISBN978-4-86143-377-1 C0326　　　Printed in Japan
本書の無断複製複写（コピー）は、著作権法上での例外を除き、禁じられています。